F. A. BELIN

NOTICE

BIOGRAPHIQUE ET LITTÉRAIRE.

CONSTANTINOPLE.

Imp. A. Zellich, Yuksek-Caldirim, Rue Zurafé, N° 9

1875

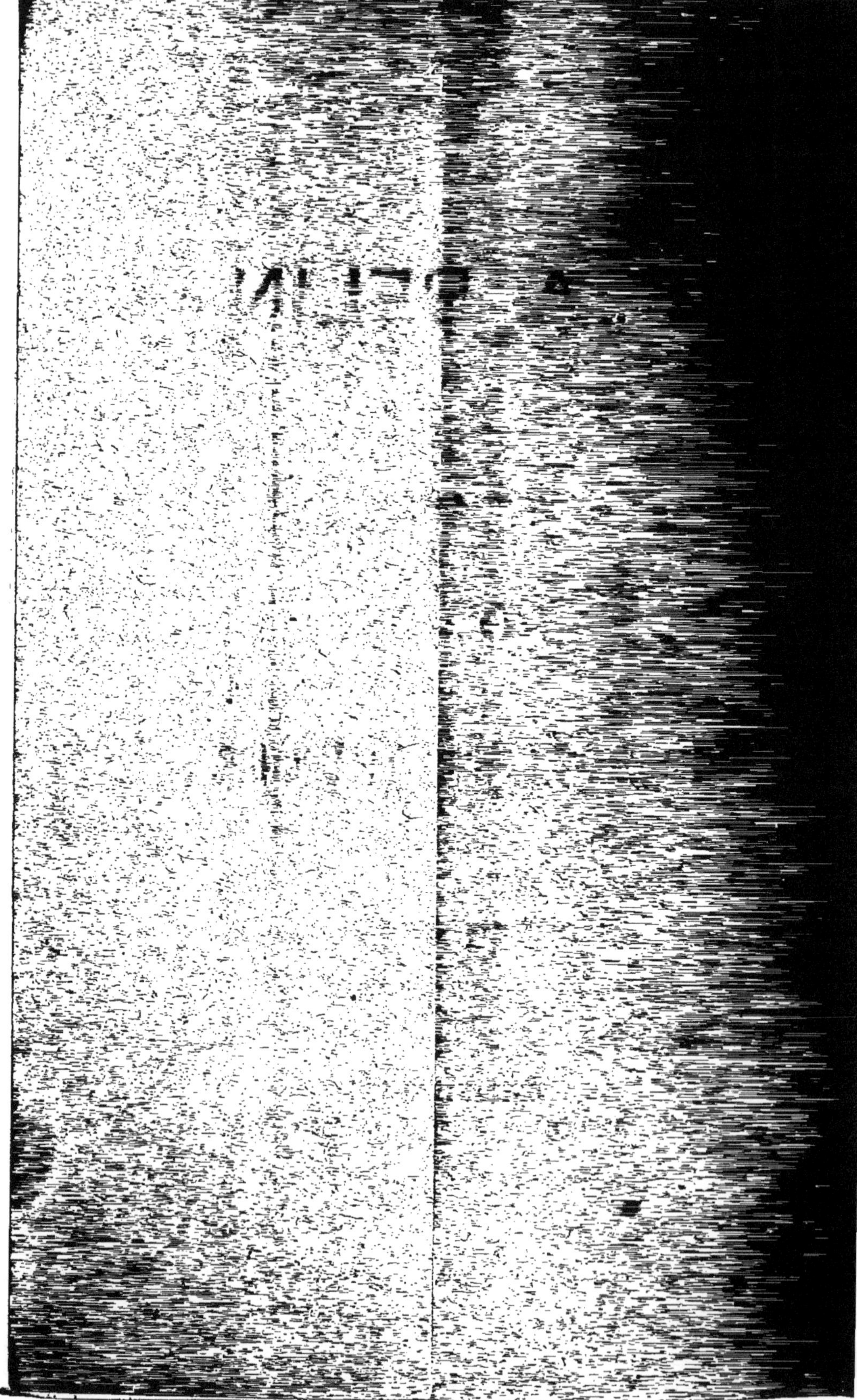

F. A. BELIN

NOTICE

BIOGRAPHIQUE ET LITTÉRAIRE.

CONSTANTINOPLE.
Imp. A. Zellich, Yuksek-Caldirim, Rue Zurafé, N°. 9

1875

F. A. BELIN. [1]

NOTICE BIOGRAPHIQUE ET LITTÉRAIRE.

« BELIN (François-Alphonse), orientaliste français, Consul-général, né à Paris le 31 juillet 1817, appartient à une ancienne et honorable famille du Vexin français, dont

(1) Voyez *Histoire des orientalistes*, par M. Gustave Dugat, chargé de cours à l'Ecole spéciale des LL. OO. vivantes, Paris, 1870, in-12, tome I, introd, p. xlv, et tome II, première notice, p. 1 à 14, d'où, pour la plus grande partie, la présente notice est tirée ; *Recueil de rapports sur les progrès des lettres et des sciences en France*, Paris, 1867, 4°, édité par M. Guigniaut, de l'Institut, sous les auspices du ministre de l'instruction publique, p. 136, 137 et 147 ; *Revue Orientale et Américaine*, tome VI, octobre 1861.

.Belin est un vieux mot français qu'on retrouve, à diverses époques, sous les formes : Belinus, Blin, Balin, Bélin, Bellin, Beylin, Belines ; consultez Rabelais, *œuvres* ; Paris 1833, par Amangort et Johanneau, I, 400, 401 et IV, 444; Napoléon Landais, *Dictionnaire français*; Bescherelles, *Dictionnaire national* ; Ozanam, *œuvres*, Paris, 1862, I, 283.

Villehardouin (*de la conquête de Constantinople*) parle d'un sieur de Belines qui prit la croix au carême de 1200 ; Francis Wey (*Dickson en France*, Paris 1863, p. 232), d'un sieur Jacques Belin, de qui Jacques Coeur acquit sa maison à Montpellier, en 1443; un sieur Bellin, maire de Beaune, sous Henri IV, conserva par son courage, cette ville à la France (*Débats* du 8 décembre 1863) ; selon Michelet (*Figaro* du 13 septembre 1872), un sieur de Bélin, chef de ligueurs, fut fait prisonnier par Henri IV, peu avant Arques ; un sieur de Belin était précepteur du prince de Condé, filleul de Henri IV. (*Gazette de France*, 4 avril 1861 ; celui-ci peut être le même que le précédent).

la fortune fut emportée par la tourmente révolutionnaire, dont les membres quittèrent, pour la plupart, le pays où « Belin s'adonna de bonne heure à l'étude des langues orientales, sous la direction de J.-J. Marcel, ancien membre de l'Institut d'Égypte, professeur suppléant au collége de France, directeur de l'imprimerie impériale de Paris; puis, il suivit au Collége de France et à l'École spéciale des Langues orientales vivantes, les cours d'arabe, de persan, d'hébreu et de turc des Sylvestre de Sacy, Reinaud, E. Quatremère et Jaubert.

« Nommé en 1838, répétiteur à l'École des Jeunes-de-Langues, dirigée alors par J.-M. Jouannin, premier secrétaire-interprète du Roi, il remplit ces fonctions jusqu'en mai 1843, époque à laquelle il fut nommé drogman-chancelier du Consulat de France, nouvellement créé à Erzeroum (Arménie).

« Appelé l'année suivante, en la même qualité, à Salonique, il fut chargé, pendant quelques mois, de la gestion de ce poste consulaire ; et passa, en septembre 1846, au Consulat de France au Caire, dont il eut aussi la gestion, en 1847.

« Nommé, en 1852, aux fonctions intérimaires de secrétaire-interprète de l'ambassade de France à Constantinople, à l'époque des affaires des Lieux-Saints, Belin y resta jusqu'en août 1853, et rentra alors en France, pour

Ce vocable entre aussi dans la composition d'autres noms, tels que Ybelin, Orbelin, Herbelin, Barbelin, etc.

Belin est le nom d'un chef-lieu de canton de France, arrondissement de Bordeaux (Gironde).

Belin-keuï est aussi le nom d'un bourg sis à une heure d'Héraclée, près la colline de ce nom (E. Boré, *correspondances et mémoires d'un voyageur en Orient*, I, 218).

y contracter mariage avec Mlle Virginie Delaporte, fille de l'ancien Consul de ce nom.

« Peu après, en mai 1854, il fut détaché, par le Ministre des affaires étrangères, en mission spéciale auprès du maréchal de Saint-Arnaud, commandant en chef l'armée française d'Orient ; et, le 10 mai suivant, il était nommé secrétaire-interprète titulaire de l'ambassade de Constantinople, tout en continuant sa mission temporaire auprès du maréchal, mission qui prit fin le 2 janvier 1855.

« Rendu à son service auprès de l'ambassade, Belin reçut, le 8 novembre 1862, le brevet de secrétaire-interprète de l'Empereur, à la même résidence ; et, par décret impérial du 19 octobre 1868, il a été promu au grade de Consul-général (1).

« Sous la direction d'Amédée Jaubert, de l'Institut, Professeur-Président de l'École spéciale des Langues orientales vivantes de Paris, F.-A. Belin prêta, de 1841 à 1843, sa collaboration à la publication des textes suivants, destinés à l'enseignement des langues turque et persane, dans cette école.

1. *Vie de Djenguiz-Khân*, texte persan de Mirkhond ; Paris, 1841 ; 174 pages, grand in-8°.

2. *Histoire des Sassanides*, texte persan, du même auteur, Paris, 1841 ; p. 175 à 283, id.

(1) Les archives des Conventuels de Constantinople, font mention d'un sieur Paolo di Belin, vénitien, qui habitait Constantinople, en 1648.

En 1715, un sieur François Belin, était Chancelier de l'Ambassade de France à Constantinople. (*Archives* de la paroisse Ste-Marie Draperis). De 1713 à 1717, il remplit trois fois les fonctions de Chargé d'Affaires de S. M., à Constantinople (V. *Délibérations des assemblées nationales à Constantinople, et des Capitulations et des Traités de la France en Orient*, p. 134). — Un sieur Belin fut aussi secrétaire de la Légation d'Espagne à Constantinople, en 1807 (Juchereau de S.-Denis, *hist. de l'Empire Ottoman*, I, 154).

3. *Ambassade de Mehemmed efendi* à la cour de France, reçu le 7 octobre 1720 — 4 zilhidjé 1132, par le duc d'Orléans, régent de France sous la minorité de Louis XV ; texte turc ; Paris, 1841, p. 80, grand in-8°.

4. *Ambassade de Mevcoufâti Seïd Mehemmed Emin Vahid efendi*, envoyé en 1221 — 1806, par Sultan Selim III, auprès de l'empereur Napoléon Ier ; Paris, 1843 ; 58 pages, grand in-8^b ; texte turc. (1).

« F.-A. Belin, a coopéré à la création de la typographie orientale de l'imprimerie Firmin Didot, et il a été chargé, de 1836 à 1843, de la révision des ouvrages orientaux imprimés dans cette maison ainsi que par celle de Dondey-Dupré, notamment l'*Histoire des mamlouks* d'Et. Quatremère, et le premier volume du *Dictionnaire français-turc* de Bianchi. Il a été chargé, en outre, de la rédaction du catalogue de la *Bibliothèque du Baron Sylvestre de Sacy*, pour les livres imprimés arabes, persans et turcs, publié par M. Merlin, Paris, 1842 — 47 ; 3 vol. in-8° (2).

« C'est dans le *Journal asiatique* de Paris qu'a paru, principalement, la longue série des savants travaux, notices, mémoires et ouvrages de l'orientaliste dont nous nous occupons, et que nous reproduisons ci-après :

5. *Notice sur le Dictionnaire français-arabe* de J.-J. Marcel ; *Journal asiatique*, octobre 1839.

6. *Notice d'un manuscrit turc*, en vers, de la Bibliothèque de Montpellier.

7. *Charte des Turcs*, ou Khatti-humâioun de Gulkhâné ; texte et traduction annotée ; *id.* janvier 1840 ; 27 pages.

(1) Voyez Belin, *Bibliographie ottomane* pour l'année 1283.

(2) Voyez *Bibliothèque de M. le Bon S. de Sacy*, I, introd. p. XL, tome II, p. XV ; tome III, p. XIX.

« Le grand acte du 3 novembre 1839, par lequel Sultan Abdul-Medjid assurait à tous les sujets de l'empire, quelque fut leur culte, une protection égale, et introduisait des règles équitables dans l'administration, était la conséquence des principes réformateurs que Sultan Mahmoud, son père, lui avait légués. Belin a très-bien fait ressortir la haute portée du Khatti-chérif; et ses commentaires nous donnent de nombreux renseignements politiques et administratifs sur la Turquie. »

8. *Notice sur les chrestomathies orientales*, publiées à l'usage des Élèves de l'École spéciale des Langues orientales vivantes ; *Journal asiatique*, janvier 1842 ; 42 p.

« Après quelques considérations élevées sur le rôle de l'Orient dans les temps anciens et depuis l'islamisme, l'auteur fait connaître, par une analyse exacte, le caractère de ces publications, destinées à l'enseignement. A l'occasion de la *Chrestomathie turke-orientale*, il fait remarquer que le turc-oriental est, parmi les langues de l'Orient, l'une de celles dont l'enseignement rencontrait jusqu'à présent le plus d'obstacles, par suite du manque presque absolu de livres élémentaires. Les récentes publications des Pavet de Courteille, des Veliaminoff et Vambéry ont, depuis, modifié cette situation. Parlé par la plus grande partie des peuplades du nord et du centre de l'Asie, comme aussi par celles même des bords de la mer Caspienne, le turc-oriental offre un secours précieux pour l'intelligence des textes relatifs à l'histoire et aux mœurs des habitants de cette importante partie du monde.—La *Chrestomathie turque* renferme, nous l'avons vu plus haut, la relation de deux ambassades, envoyées par la Sublime Porte en France, l'une en 1720, l'autre en 1806.—La *Chrestoma-*

thie persane, qui contient la vie de Djenguiz-khan, est analysée en entier par Belin, qui donne, en même temps, l'exposé curieux de quelques lois et usages mongols.— Enfin, la *Chrestomathie arabe*, par Caussin de Perceval, contient un fragment du roman d'Antar (1). »

9. *Fetoua relatif à la condition des Zimmis*, et particulièrement des Chrétiens, en pays musulman, depuis l'établissement de l'islamisme jusqu'au milieu du viiie siècle de l'hégire ; traduit de l'arabe ; *Journal asiatique*, nov.-décembre 1851, février-mars 1852 ; 143 pages.

« Ce mémoire intéressant contient la traduction annotée d'un auteur musulman du xive siècle de notre ère, Ibn-Naqqâch ; il retrace les principaux traits de l'histoire musulmane, relatifs aux *Zimmis*, c'est-à-dire aux sujets non-musulmans des pays orientaux, et plus particulièrement aux Chrétiens ; il fait connaître aussi les *capitulations* souscrites par les Chrétiens pour conserver leur religion et la vie ; on y trouve encore les différentes opinions des ulémas sur le maintien ou l'abrogation de ces pactes, et sur les causes qui pourraient en motiver l'abrogation (2).»

10. *Extrait du journal d'un voyage de Paris à Erzeroum ;* 16 pages ; *Journal asiatique* ; avril 1852.

« On remarque, dans ce travail, une série de mots et de locutions qui permettent d'apprécier la nature du langage usité dans cette contrée. »

11. *Extrait d'un mémoire sur l'origine et la constitu-*

---

(1) D'autres publications sont venues, successivement, compléter celles-ci, entre autres : l'*Histoire des sultans du Kharizm*, par M. Defrémery, Paris, 1843 ; les *Prolégomènes des tables astronomiques d'Oloug-beï*, par M. Sédillot Paris, 1847.

(2) V. *le Monde*, du 28 mars 1861 : extrait de *la Vérité sur la Syrie et l'expédition française*, par B. Poujoulat.

tion des biens de main-morte, en pays musulman ; texte et traduction annotée ; *Journal asiatique ;* nov.-décembre 1853 ; 51 pages.

« Dans la constitution territoriale des pays musulmans, les biens de main-morte ou *vacouf* occupent une place importante ; L'origine de ces dotations, sorte de *majorats religieux*, remonte à l'établissement même de l'islamisme. L'auteur de ce mémoire a fait de profondes études sur ce sujet, et il donne ici un extrait de ce long travail. Cet extrait se compose de deux documents juridiques, émanés, le premier, du cadi de Constantinople, et le second, du *mehkèmè* « tribunal » de Galata, l'un des faubourgs de la capitale. Une foule de notes très-intéressantes, initiant aux coutumes administratives de la Turquie, et précisant le sens de termes peu usités, accompagnent ce mémoire et lui servent, en quelque sorte, de commentaire. »

12. *Discours* prononcé, au cimetière du Père-Lachaise, à Paris, sur la tombe de J.-J. Marcel, le 13 mars 1854 ; 6 pages in 8°.

13. *Notice nécrologique et littéraire* sur J.-J. Marcel, membre de l'Institut d'Égypte, et l'un des membres fondateurs de la Société asiatique de Paris ; *Journal asiatique ;* mai-juin 1854 ; 10 pages (1).

« Il appartenait à F.-A. Belin, élève de J.-J. Marcel, de dresser la *Biographie* de son vieux maître, de ce vétéran de l'orientalisme français. Nous avions un grand nombre de biographies de ce savant ; mais celle de Belin est la plus complète, la plus instructive. Il faut lire les curieux détails qu'il donne, par exemple, sur la manière dont J.-J.

(I) V. le *Rapport annuel* des travaux de la société asiatique, par M. Mohl ; juillet 1854.

Marcel *composa* lui-même, à bord du vaisseau l'*Orient*, la première proclamation arabe du général Bonaparte, qui fut répandue en Égypte, au débarquement de l'armée. Quels immenses services les orientalistes n'ont-ils pas rendus à la politique, au commerce, aux lettres et aux sciences ! »

14. *Lettre à M. Reinaud, de l'Institut, sur un document relatif à Mahomet ;* Journal asiatique, décembre 1854 ; 37 pages, avec fac-simile.

« Ce fut un évènement que la découverte, par M. Barthélemy, de la lettre adressée à Macaucas, vice-roi de cette contrée pour l'empereur Héraclius, en 628 de J.-C. Cette lettre, écrite en caractères coufiques, fut l'objet, de la part de Belin, de recherches établissant l'authenticité de ce document (1), authenticité reconnue et constatée plus tard par les cheïkhs de la mosquée el-Azhar, la célèbre université du Caire. Ce document, écrit sur une peau de mouton (2), et retrouvé, à Akhmim, dans la couverture confectionnée d'un vieux livre, est déposé, actuellement, au Vieux-Sérai, à côté des autres reliques du prophète (3).—On se rappelle la sensation que fit, en Afrique, la publication de cette lettre, quand le *Journal asiatique* y fut distribué : M. Cherbonneau, professeur à Constantine, depuis directeur du collège à Alger, avait prêté l'exemplaire de son *Journal* à un cheïkh de Constantine : quand celui-ci le lui rendit, M. Cherbonneau s'aperçut que la lettre de Mahomet avait disparu ! Le cheïkh avoua, plus tard, qu'il l'avait

(1) V. Renan, *Histoire des Langues sémitiques*, Paris, 1858, p. 362.

(2) L'histoire contemporaine a fourni un fait, authentique ou supposé, de même nature, relatif aux évènements de Syrie. (V. *Débats* du 22 sept. 1860.)

(3) Voyez le *Journal de Constantinople*, des 25 nov., 2 et 5 décembre 1859 *Djéridei-havâdis* et le *Journal asiatique*, aoû'-septembre 1860, p. 271.

mise dans son turban (1). Ce mémoire a été reproduit, *en turc*, par divers journaux de Constantinople, et édité séparément, sans nom de traducteur, en 1869—1285 ; 28 pages in-12 (2). »

15. *Idjâzè* ou diplôme de licence pour le professorat, délivré à Constantinople, à la fin du dernier siècle de notre ère ; texte et traduction annotée ; *Journal asiatique*, mai-juin 1855.

« Chez les Musulmans, pour pouvoir enseigner la théologie, le droit ou telle autre science, il faut avoir reçu, d'un docteur, reconnu pour tel, des « lettres de licence. » Le diplôme dont il s'agit, et qui fait connaître certains usages scolaires des musulmans, est divisé en trois parties : la première offre le panégyrique du nouveau licencié ; la seconde donne l'énumération des savants sous lesquels son maître avait étudié ; la troisième renferme de touchants conseils que ce dernier se plaît à donner à son cher disciple, en lui conférant le grade qui, bientôt, va le séparer de lui. »

16. *Notice biographique et littéraire sur Mir Ali-chir Névdï*, suivie d'extraits, en turc-oriental, avec traduction annotée ; *Journal asiatique*, février-mars, avril-mai 1861 ; 158 pages.

« Il s'agit ici du célèbre écrivain et homme d'État, né en 1440 de J.-C., mort en 1500, l'un des émirs les plus considérables de la cour de Sultan Huceïn-Bahadour-Khan, souverain timouride de la Perse. Cette notice contient de nombreux détails sur la carrière accidentée de ce grand

---

(1) V. M. Mohl, *rapport annuel* sur les travaux de la *Société asiatique*, juillet 1855, p. 25 et 29 ; Reinaud, *Notice sur Mahomet*, extrait de la *Nouvelle Bibliographie générale*, p. 28 et 29.

(2) V. Belin, *Bibliographie Ottomane*, pour 1285, n° 35.

— 13 —

littérateur, qui écrivit la plupart de ses ouvrages en turc-
oriental, idiome auquel il donnait la prééminence sur le
persan (1). »

17. *Notice nécrologique et littéraire* sur M. Delaporte
père, ancien consul de France ; 7 pages. Belin a donné
une autre *notice* sur le même, dans le *Journal des Débats*,
et, enfin, une troisième *notice*, dans le *Journal asiatique*,
avril-mai 1861.

« Delaporte (Jacques-Denis) avait accompagné le général Bonaparte en Égypte ; il a collaboré au grand ouvrage
sur la *Description de l'Égypte*, et publié quelques *essais
sur le berbère*. Depuis son retour d'Égypte, il a occupé
divers postes consulaires en Barbarie et au Maroc. »

18. *Étude sur la propriété foncière en pays musulman
et spécialement en Turquie* (rite hanéfite) ; *Journal asiatique*, octobre-novembre et décembre 1861, février-mars,
avril-mai 1862 ; 248 pages.

« Il est traité, dans ce long mémoire, de questions très-
importantes qui, jusque-là, n'avaient été qu'incomplète-
ment étudiées : origine de la propriété, butin provenant
de la *guerre sainte* ; fortune publique, impôt personnel,
impositions diverses, comprises sous le nom générique de
zékiât, aumône ou taxe pour l'assistance publique ; *va-
coufs* ou biens de main-morte ; revivification des terres
mortes ; concessions souveraines ; nouveau droit des personnes et de la propriété, introduit par le *tanzimât* et le
khatti-humâioun du 18 février 1856 ; loi régissant, actuel-

(2) Voyez M. Mohl, *Rapport annuel*, journal asiatique, juillet 1861, p. 12 et
13 ; Reinaud, *Annuaire encyclopédique*, 1861-62 ; *compte-rendu* de la littérature orientale par M. Richard Goshe, Leipzig, 1868 ; *Apouchqa, dict. turc-
oriental*, par M. de Véliaminoff, St-Pétersbourg, 1869 ; p. 6, 11, et 12 ; M. Pavet
de Courteille, *Dict. turk-oriental*, introd.

lement, la propriété foncière en Turquie, et, en particulier, le domaine de l'État (1).

19. *Tarif des Douanes turques*, édité par l'ambassade de France à Constantinople, sous la direction et avec les soins de F.-A. Belin, délégué de l'ambassade à la commission du tarif; texte turc et version française ; 1862 ; 120 pages in-4°.

20. *Note sur le Tchao*, « papier-monnaie » usité dans l'empire Ilkhanide ; *Journal de Constantinople* du 29 janvier 1863.

21. *Essais sur l'histoire économique de la Turquie*, d'après les auteurs originaux ; *Journal asiatique*, mai-juin, octobre, novembre-décembre 1864, janvier-février 1865 ; 314 pages.

« C'était une tentative hardie que de faire l'histoire économique d'un peuple qui n'a pas laissé de traités sur la matière. Belin a abordé ce sujet avec un plein succès, grâce aux immenses lectures qu'il a faites des écrivains originaux. « S'élevant, dit-il, sur les débris de grands États, la monarchie ottomane profita de la civilisation relative de ses devanciers ; et, en se faisant l'héritière de leur domaine territorial, elle s'appropria aussi, en les adaptant à ses instincts particuliers, la plupart des institutions déjà existantes, dans l'ordre politique, économique et adminis-

(1) V. Mohl, *rapport annuel*, juin 1862 ; Reinaud, *annuaire encyclopédique*, 1864 ; Gatteschi, *Manuale di diritto pubblico et privato dell'impero Ottomano*, et le même, *des lois de la propriété foncière dans l'Empire Ottoman* : *compte-rendu* de la littérature orientale de 1859 à 1861, par Goshe ; la *Turquie* du 2 mars 1867, et le même journal des 7, 9, 20, 21, 23, 25, 27, 30 novembre et 2 décembre 1871. — Le chapitre xi, avec ses notes, a été reproduit littéralement, dans la *Législation Ottomane* d'Aristarchi Bey (Grégoire), Constantinople, 1873, 8°, p. 56 à 170. La partie relative au *Khatti-humaïoun* de 1856, l'a été également, dans le tome II du même ouvrage, mais sans indication de sa *véritable* origine.

tratif. L'économie politique ottomane repose donc sur ce travail d'assimilation, combiné avec certaines conditions primordiales ; et elle offre ce double intérêt de faire pénétrer dans la connaissance organique du pays, en montrant le jeu et la transformation successive de ses institutions politiques et administratives ; et de fournir, en même temps, pour une autre époque, des données non moins précieuses sur l'économie politique de l'Asie elle-même. On chercherait en vain des renseignements bien complets sur la matière, dans les historiens indigènes, pour la plupart étrangers à cet ordre d'idées. Ce n'est qu'en réunissant les fragments disséminés dans leurs chroniques, et échappés, en quelque sorte, à leur plume, qu'on peut tenter l'essai d'une esquisse, faisant considérer l'histoire ottomane sous ce nouveau jour, et permettant d'en saisir l'ensemble ; c'est la tâche que je me suis imposée dans la lecture des historiens, et spécialement des historiographes. » —Ce livre traite : 1° des monnaies ottomanes ; 2° de l'administration supérieure des finances ; trésorerie ; 3° du système de comptabilité ; 4° des budgets ; La cinquième partie] renferme un précis historico-économique, divisé en neuf périodes principales. C'est un véritable cours d'administration-ottomane ; des notes instructives et substantielles éclairent sans cesse le lecteur ; c'est l'un des ouvrages les plus importants de Belin, et qui lui fait le plus d'honneur (1). »

(1) Voyez M. Mohl. *rapport annuel* sur les travaux de la Société asiatique, 1864, 65 ; Reinaud, *annuaire encyclopédique* 1865, article *orientalisme* ; Ch. Ganneau, *Revue de l'instruction publique* du 30 avril 1865 ; Jules Duval, *l'économiste français* du 18 octobre 1866 ; Paspati, *Etudes sur les tchinguianè de l'empire ottoman*, passim. *Journal de Constantinople*, des 13, 15 et 16 janvier 1866 ; le *Faedrelandet* dn 21 décembre 1865.

22. *Tableau de la presse quotidienne et périodique à Constantinople, en 1854 ; Journal asiatique ; janvier-février 1865.*

23. *Moralistes orientaux.* — *Caractères, maximes et pensées de Mîr Ali-Chir Nevâïi; Journal asiatique ; juin, août-septembre 1866 ; 58 pages.*

« C'est spécialement comme moraliste que l'auteur de ce mémoire étudie ici Névâïi, dont il a été parlé plus haut. Il nous donne des extraits étendus d'un livre de ce littérateur, homme d'état, le *Mahboub-ul-qouloub*, « l'union des cœurs, » dans lequel Ali-Chir passe en revue toutes les classes de la société contemporaine, en s'attachant à peindre moins le caractère physiologique de chaque état que les conditions requises pour l'exercer. Les *cadis* et les *muftis* « interprètes de la loi, » sont représentés avec les qualités qu'ils devraient posséder ; faisant ensuite la description de chaque vertu, Névâïi nous offre un certain nombre de maximes qui ne dépareraient nullement nos livres européens de morale (1). »

24. *De l'instruction publique et du mouvement intellectuel en Orient ; 45 pages grand in-8° ; Contemporain, août 1866.*

« Ce nouveau travail de M. Belin, dit la *Turquie*, ne contient que quelques feuilles seulement, mais il renferme de précieux renseignements, recueillis non sans difficultés. Dans quelques lignes d'introduction, l'auteur retrace l'histoire entière de l'instruction publique, en Turquie ; il remonte à l'origine, et met sous les yeux du lecteur, dans

(1) Voyez l'article de M. Mohl sur ce livre et son auteur dans le *rapport annuel* de la Société asiatique, juillet 1867 ; M. de Veliaminoff, *Apouchqa*, Pétersbourg, 1869, p. 6 et 12 ; l'article de M. Pavet, dans le *Journal asiatique*, janvier 1874 ; et la *Turquie* du 18 décembre 1866.

un style clair et précis, toutes les phases que l'instruction publique a traversées jusqu'à nos jours (1). »

25. *Note sur la bibliothèque orientale de feu Henri Cayol ; Journal asiatique*, octobre-novembre 1866.

26. *Encore quelques mots sur l'instruction publique ;* sept pages grand in 8° (2).

27. *Discours prononcés, par délégation des Ambassadeurs de France*, de 1866 à 1874, aux distributions de prix des colléges et pensionnats protégés, à Constantinople, par la France ; *sept discours ;* ensemble 32 pages in 8° (3).

28. *Comptes-rendus annuels de l'Administration du Cimetière latin de Feri-keuï* (Constantinople) ; 1862 à 1874; *treize fascicules* avec planches ; administration, statistique, histoire, archéologie religieuse et nécrologique; Constantinople ; ensemble ; 379 pages grand-in 8° (4).

Ces divers comptes-rendus ont été analysés ou reproduits par les divers journaux de Constantinople et de Smyrne (5).

« Nous ayons sous les yeux, dit l'*Impartial* de Symrne,

(1) Voyez la *Turquie* des 7 et 19 novembre 1866, 12 mars et 14 décembre 1867 ; l'*Etoile d'Orient* des 29 mai, 5 et 12 juin 1867 ; le *Djamanag* du 6 décembre 1866 et divers autres journaux arméniens; M. Ganneau, *Revue de l'Instruction publique* du 6 décembre 1866, et le rapport de Dr. Goshe sur les Études orientales, de 1862 à 1867, p. 160.

(2) V. l'*Impartial* de Smyrne du 23 mars 1867.

(3) V. La *Turquie* des 24 juillet 1866, 24 juillet 1869, 21 et 22 juillet 1874.

(4) Belin a été nommé, en 1859, délégué de l'ambassade de France pour la création du cimetière, puis secrétaire de la commission chargée de l'administration : l'état de sa santé l'a contraint de résigner ces fonctions en 1875.

(5) *Journal de Constantinople* des 15, 16 et 22 décembre 1864 ; 18, 19, 20, 21 22 et 23 décembre 1865 ; la *Turquie* des 21 décembre 1868, 25 novembre 1869, 1er décembre 1870, 14 décembre 1871, 27 novembre 1872 et 24 décembre 1873; *Levant herald* des 8 et 10 décembre 1870, 14 décembre 1871, 22 décembre 1873 ; *Courrier d'Orient* des 28 décembre 1870 et 16 décembre 1871 ; l'*Impartial,* du 15 juin 1867 ; les *Missions catholiques* des 8 mai 1874, et 19 février 1875, la *Turquie* et le *Levant herald* des 23 et 24 novembre 1874, la *Turquie* et le *Levant herald,* des 23 et 24 novembre 1875.

le Compte-rendu annuel de l'Administration du Cimetière catholique-latin de Constantinople, pour l'exercice 1865-66. Ce travail est dû, comme les précédents, à la plume de M. Belin, Secrétaire-interprète de l'Empereur. Nous n'avons pas lu de compte-rendu plus intéressant ; nous voudrions pouvoir rapporter tout le chapitre III, surtout les *Quelques mots sur les rites funèbres* ; quelle science, quelle érudition, quel style ! personne, certainement, n'a dû trouver inopportune cette belle page sur les usages observés dans le christianisme pour la sépulture des fidèles. — Nous engageons nos lecteurs à en prendre connaissance ; ils reconnaîtront, une fois de plus, que M. Belin est, non-seulement, un savant orientaliste, mais encore un écrivain de mérite, pur, élégant et riche, dans sa concision attique. »

29. *Bibliographie ottomane* ou notice des livres imprimés à Constantinople, durant les années 1281 à 1289 de l'hégire = 1865 à 1873 de J.-C.; *Journal asiatique*, 1868 ; août-septembre 1869 ; août-septembre 1871; mai-juin 1873 ; *quatre fascicules* ; ensemble 149 pages.

« Ces bibliographies sont la continuation de celles publiées, antérieurement, par Hammer et Bianchi; elles permettent d'apprécier la marche de la littérature ottomane, littérature secondaire, il est vrai, mais riche en traductions et en commentaires des classiques musulmans (1). M. Belin, dit le savant rapporteur des travaux de la *Société*

(1) *Rapport annuel* sur les travaux de la Société asiatique, juillet—août 1668, p. 12, 146 ; la *Turquie* des 12 octobre 1868 ; *Impartial* du 7 novembre 1868, *Djéridéï-havâdis* du 25 redjeb 1285; *Journal asiatique*, rapport annuel, juin 1871, *Impartial*, du 27 avril 1870 ; — *Journal asiatique*, rapport annuel, juin 1872 ; *Courrier d'Orient*, d'après la *République française*, du 29 novembre 1872 ; *Levant-herald* des 18 et 23 mars 1872 ; *Impartial* du 25 mai 1872 ; — *Levant-herald* des 8 et 25 novembre 1873, *Haqâïq ul-véqâï* du 20 ramazan 1290; *Journal asiatique*, rapport annuel, 1874, p. 51.

asiatique (juillet 1872), continue à nous tenir au courant des publications de la typographie ottomane. Son dernier compte-rendu offre de curieux renseignements sur le mouvement actif de traductions auquel préside, en Turquie, un homme instruit que beaucoup d'entre nous connaissent, Ahmed-Véfyq efendi, et dans lequel les classiques français figurent pour une si grande part. C'est une grande gloire, pour notre littérature du xviie siècle, que les hommes éclairés qui dirigent l'œuvre délicate de faire l'éducation européenne d'un peuple, encore asiatique, y aient trouvé cet esprit universel, cette rectitude de bon sens, ce goût discret et sûr, cette peinture vraie du cœur humain et de la société polie de tous les temps, qui constituent des textes appropriés à la culture générale de l'humanité, »

30. *Du régime des fiefs militaires dans l'islamisme, et principalement en Turquie; Journal asiatique*, mars-avril 1870 ; 116 pages.

« M. Belin, dit l'éminent secrétaire de la Société asiatique, nous a donné ici un curieux travail sur le régime des fiefs militaires dans l'islamisme, et principalement en Turquie. C'est un point essentiel pour l'intelligence de la société musulmane, car l'institution des fiefs militaires a été, durant des siècles, la véritable force de l'Islam. M. Belin montre fort bien que cette institution ne ressemblait que pour la forme, à notre féodalité, celle-ci impliquant un partage de la souveraineté entre le feudataire et le suzerain, et supposant, chez le feudataire, un droit sur le paysan, ce qui n'a nullement lieu dans l'Islam, où la pleine souveraineté et même la propriété du sol, restent entre les mains du prince. Le *timar* est une solde, une pension, en partie héréditaire, assignée sur une terre, plutôt qu'un

— 19 —

fief. Le jeu de cette curieuse institution est très-bien expliqué par M. Belin ; quelques taches légères, comme l'étymologie singulière attribuée au mot *adjem* n'affectent en rien le fond de ce travail, que devront lire tous ceux qui veulent se faire une idée juste de la société ottomane (1). »

31. *Des Capitulations et des traités de la France en Orient* ; publié dans *le Contemporain*, 1869 ; 139 pages grand in-8°.

« Ce travail, dit l'*Impartial*, qui est celui d'un bénédictin *fourvoyé*, M. Belin, Consul-général de France, qu'on est très-heureux, toutefois, de rencontrer à l'ambassade de Constantinople, emprunte aux circonstances (2 avril 1870), un véritable cachet d'opportunité. Cette intéressante étude se divise en trois chapitres : le premier explique le sens et la signification des « Capitulations ; » l'auteur en recherche et en établit le correspondant dans les chancelleries orientales ; dans le second, il aborde ce qui fait le véritable sujet de ce livre « le code ou, pour mieux dire, la grande charte des colonies occidentales en Orient ; » il le traite comme tous les sujets auxquels il touche, du reste, avec un grand talent et une profonde érudition. Dans le troisième et dernier chapitre, M. Belin s'occupe spécialement des Capitulations et des traités de la France avec la Porte ottomane. Ce travail se termine par la liste *complète* des envoyés français à Constantinople, depuis François Ier jusqu'à nos jours (2). »

32. *Notice bibliographique* relative aux *Études sur les*

(1) V. *Journal asiatique*, rapport annuel, juillet 1871 : *la Turquie* du 13 avril, l'*Impartial* du 6 mai, et le *Levant herald* du 11 mai 1871.

(2) V. *Impartial* de Smyrne du 2 avril 1870, *la Turquie*, des 28 mars et 26 avril 1870 ; le *Courrier d'Orient* du 30 mars ; le *Levant herald* des 26 et 31 mars 1870, et le *Journal asiatique*, rapport annuel, juillet 1870.

Tchinguianè ou Bohémiens de l'empire Ottoman, par le
Dʳ Paspati ; Constantinople, 652 pages in-4° ; insérée dans
l'*Impartial* du 15 février 1871 ; autre notice sur le même
livre, insérée dans le *journal asiatique*, octobre-novem-
bre-décembre, 1871.

33. *Notice nécrologique sur M. l'abbé Mandonnet*, ancien curé de Randan (France), décédé à Constantinople ;
insérée dans le *Courrier d'Orient* du 15 novembre 1871.

34. Note à l'occasion d'un *sermon de charité*, devant
être prononcé le 29 janvier 1871, dans St-Louis, chapelle
de l'ambassade de France, à Constantinople, *en faveur
des soldats blessés de l'armée française* ; insérée dans le
Courrier d'Orient du 24 même mois ;—autre note publiée,
à la suite de ce sermon, dans l'*Impartial* de Smyrne du
11 mars 1871.

35. Autre note sur un *sermon de charité, en faveur des
Pauvres de Constantinople*, insérée dans le *Courrier d'O-
rient* du 15 décembre 1871, reproduite par la *Turquie* et
le *Levant Times*.

36. *Histoire de l'Église latine de Constantinople*, publiée dans le *Contemporain*, 1871-1872 ; 199 pages grand
in-8°, avec planches.

« A cet ordre de recherches, relatives aux rapports des
musulmans et des chrétiens, appartient, dit le savant
secrétaire de la Société asiatique (1), la très-instructive
Histoire de la Latinité de Constantinople, par M. Belin ;
une foule de faits perdus ou sur le point de l'être sont recueillis là avec exactitude. L'Histoire de l'Église latine de
Constantinople est, en grande partie, l'histoire de la domi-
nation ou de la prédominance française dans le Levant. C'est

____

(1) *Rapport annuel*, juin 1873.

là un passé évanoui ; mais rien de grand ne doit tomber dans l'oubli ; le futur historien de Constantinople trouvera, dans le travail de M. Belin, les plus utiles renseignements. La position de l'auteur lui donnait des facilités que nul ne pouvait avoir aussi bien que lui (1). »

37. *Mahboub-ul-qouloub* de Mir Ali-chir Névâï ; texte turc-oriental, publié en collaboration avec S. Exc. Ahmed-Vefyq efendi, ancien ambassadeur à Paris et à Téhéran, ancien ministre de l'evcaf et de l'instruction publique ; imprimerie impériale de Constantinople, 1289 ; 207 pages petit in-8°, avec table.

« Ce livre, dit M. Pavet de Courteille, de l'Institut, Professeur au Collége de France, l'un des nombreux écrits dûs à la plume du fécond et éloquent Névâï, est le premier texte turk-oriental qui ait été imprimé à Constantinople ; et les savants éditeurs qui ont entrepris cette tâche ne s'arrêteront certainement pas en si beau chemin.—Le *Mahboub* a d'autant plus d'intérêt pour ceux qui s'occupent de la langue turke qu'il est de la plus grande rareté, et n'existe pas dans le volumineux recueil des œuvres de de Névâï que possède la bibliothèque nationale. Cet ouvrage est, peut-être, le dernier de l'illustre écrivain, qui l'acheva l'année même de sa mort.... Remercions S. Exc. Ahmed-Vefyq efendi, l'un des orientalistes les plus savants de l'Orient, et son habile collaborateur, de nous avoir donné un texte d'une importance philologique considérable, dans lequel les travailleurs les plus consommés trouveront à exercer leur sagacité (2). »

(1) V. *la Turquie* des 26, 28 et 29 octobre 1872. Une version grecque de cet ouvrage a été annoncée dans le *Néologos* de décembre 1873, la *Turquie* du 11 novembre et le *Journal des travaux publics* du 15 novembre même année.

(2) V. *Journal asiatique*, article de M. Pavet de Courteille, janvier 1874,

38. *Notice bibliographique* sur le *Destouri-soukhan* « la règle du langage ; » grammaire persane par Mirza Habib, professeur des langues arabe et persane au lycée impérial ottoman ; *Journal asiatique*, février-mars 1873.

39. *Lettre* au RR. PP. Lion, préfet apostolique de la mission dominicaine de Mossoul, *sur l'édition arabe du Nouveau Testament*, imprimée dans cette ville par les RR. PP. Prêcheurs, insérée dans l'*Année dominicaine*, Bulletin de décembre 1873 ; reproduite, avec préambule de la rédaction, dans les *Missions catholiques* du 23 janvier 1874.

40. *Notice nécrologique sur Mgr Pluym, vicaire apostolique de Constantinople*, archevêque de Thyane ; insérée dans le *Courrier d'Orient* du 16 janvier 1874 ; reproduite dans les *Missions catholiques*, avec préambule de la rédaction, le 30 janvier 1874, et aussi dans le *Béchir*, journal arabe de Beïrout, le 13 février 1874.

41. *Notice bibliographique* sur le *Medjma-ul-bahréïn* ; remarquable imitation des « Séances de Hariri, par cheïkh Nâcif ibn-Abdullah Eliazdji, 1872, deuxième édition ; Beïrout, imprimerie des Pères Jésuites ; *Journal asiatique*, janvier 1874.

42. *Notice historique sur le* VIe *centenaire du docteur de l'Église, St-Bonaventure* ; insérée dans la *Turquie* du 8 juillet 1874.

43. *Notice bibliographique* sur le *Destour* ou Recueil des lois civiles de l'Empire ottoman, publiée sous la direction de S. Exc. Ahmed Vefyq efendi, ministre de l'Instruction publique ; deux forts volumes in-4° ; le premier de 830

p. 47-62 ; et M. Defrémery, *Comptes-rendus* de l'académie des Inscriptions et Belles-Lettres, 1873, 1re liv. p. 105, 106 ; *Journal officiel* du 2 avril 1873 ; *journal asiatique*, rapport annuel, 1874, p. 51.

pages, le second de 983 ; imprimerie impériale de Constantinople, 1290 ; *Journal asiatique.*

44. *Notice bibliographique sur le Tarikh-ul-kénice,* ou version arabe de « l'histoire abrégée de l'Église », de Lhomond, par Elkhouri Ioucef elbostani ; imprimerie des RR. PP. Jésuites de Beïrout ; insérée dans les *Missions catholiques* du 15 janvier 1875 et dans le *Journal asiatique,* cahier de février-mars-avril 1875, p. 351.

45. *Société de St-Vincent-de-Paul ; — conférences de Constantinople ;* rapports pour les années 1872, 73, 74 et 75 ; refondus et publiés par les soins et sous la direction de F.-A. Belin ; *quatre fascicules* ; 95 pages in-8° (1).

« En outre de ce qui précède, Belin a encore rédigé une foule de mémoires *de service,* qui se trouvent aux archives de l'ambassade de France à Constantinople. Il a aussi dans ses cartons : 1° *Relations de la Sérénissime république de Venise avec la Porte ottomane,* texte et traduction annotée ; 2° le manuscrit d'une nouvelle édition de l'*Étude sur la propriété,* augmentée d'un grand nombre de documents officiels sur la matière ; 3° le manuscrit d'une nouvelle édition de l'*Histoire de la Latinité de Constantinople,* très-considérablement augmentée ; 4° un *Mémoire sur les rites funèbres chez les chrétiens ;* 5° un *vocabulaire arabe-vulgaire-français,* du djalecte d'Égypte ; 6° un *formulaire* d'actes civils, politiques et autres, recueillis pendant son séjour au Caire ; 7° un *Mémoire sur les Poésies de Névâï,* texte et traduction annotée. »

Reçu membre de la Société asiatique de Paris en 1836, F.-A. Belin a été nommé membre de la Société asiatique

---

(1) Membre de la Société de St-Vincent-de-Paul à Paris, depuis 1840, Vice-président de la Conférence de St-Benoît à Constantinople, depuis le 12 mai 1872.

de Leipzig, le 30 mars 1870, membre correspondant de l'École spéciale des Langues orientales vivantes, par arrêté du ministre de l'instruction publique, en date du 26 février 1872, et élu membre correspondant de la *Società ligure di storia patria* de Gênes, dans l'assemblée générale du 12 Juillet 1874.

Nommé chevalier de la Légion-d'honneur le 15 juillet 1850, F.-A. Belin a été promu au grade d'officier, le 14 décembre 1861, et nommé officier de l'instruction publique, le 26 novembre 1866 ; pour les fonctions remplies par lui à l'armée d'Orient, il a reçu, du ministre de la guerre, en septembre 1860, la médaille de Crimée.

F.-A. Belin a été, en outre, nommé chevalier de Saint-Grégoire et de Pie IX, par brevets pontificaux des 14 janvier 1859 et 11 janvier 1862 ; officier du Nichan de Tunis et du Lion et du Soleil de Perse, par brevets de rebi-second 1277 = octobre 1860, et ramazan même année ; il a été promu, en janvier 1862, au grade de Commandeur du Médjidié, et nommé, en novembre 1866, Commandeur de l'Osmanié.

« D'après la longue série de ses travaux, dit M. Gustave Dugat, en terminant sa notice (1), F.-A. Belin s'est spécialement occupé de l'étude des langues arabe, persane et turque, et, principalement, de l'histoire et de la législation de l'Orient. Nul mieux que lui n'est préparé pour un grand ouvrage sur l'administration et la législation des peuples musulmans : ce sont là des matières que ses fonctions et ses connaissances spéciales lui rendent familières. Peu de personnes sont placées dans des conditions aussi favorables pour traiter des sujets si importants et

______

(1) *Histoire des orientalistes*, précitée.

si difficiles. Sa tâche, du reste, serait singulièrement facilitée par les ouvrages qu'il a déjà publiés et par les recherches qu'il a faites. Nous savons très-peu de chose, par exemple, de l'administration arabe, sous les grands califats ommeïades et abbacides : en élargissant un peu son cadre, F.-A. Belin ferait un livre bien curieux et d'une haute portée.

« Cet orientaliste se distingue par une exacte connaissance des langues de l'Orient musulman ; quand il traite un sujet, il va au fond des choses, ne négligeant aucune recherche propre à éclairer son travail. Écrivain consciencieux, d'une grande érudition, il laissera, dans l'histoire de l'orientalisme, des traces solides. Ses travaux sont de ceux qui restent, et il pourra dire, avec le poète : *non omnis moriar*. »